AF338637

DISCOURS

PRONONCÉ A AUXERRE LE 1ᵉʳ JUIN 1874

PAR

M. GAMBETTA

———————◆———————

PARIS

ERNEST LEROUX, EDITEUR

28, RUE BONAPARTE, 28

——————

1874

DISCOURS

PRONONCÉ A AUXERRE LE 1er JUIN 1874

PAR

M. GAMBETTA

Avant-hier, lundi, à l'occasion des fêtes du Concours régional d'Auxerre, un banquet a été offert par M. Lepère, député et président du Conseil général de l'Yonne, à ses collègues de la députation et du Conseil général. A ce banquet assistaient, outre MM. Guichard, Rathier et Paul Bert, députés de l'Yonne, MM. Gambetta, Laurent-Pichat, Edmond Adam, Scheurer-Kestner, députés de la Seine; Challemel-Lacour, député des Bouches-du-Rhône; Journault, député de Seine-et-Oise; M. Ribière, ancien préfet de la République dans l'Yonne; MM. Flandin, vice-président du Conseil général, président de la Commission départementale ; Massot , vice - président du Conseil général, maire révoqué d'Auxerre; Milliaux et Dalbanne, adjoints révoqués d'Auxerre; Mérat, président du tribunal de commerce d'Auxerre ; Mathé, conseiller général, maire révoqué d'Avallon ; Bonnerot, conseiller général, ancien maire de Joigny ; Dupéchez, maire révoqué de Sens ; Lancôme, conseiller général, maire révoqué de St-Florentin ; Dethou, conseiller général; Duguiyot, conseiller général, maire révoqué de Champignelles; Lamy, Coste, Gaspard, Huriot, conseillers généraux ; Richard, m mbre du Conseil d'arrondissement d'Auxerre ; Bonsan, membre du Conseil d'arrondissement de Sens, maire révoqué de Chéroy ; Beauvais, agriculteur, l'un des principaux lauréats du Concours régional ; Peschoux, conseiller municipal d'Auxerre, juge au tribunal de commerce ; le docteur Boussard; Moutheau, ancien magistrat; Albert Gallot et Legault, directeur et rédacteur du journal l'*Yonne*; Germain, avocat, etc.

A la fin du repas, M. Lepère s'est levé et s'est adressé à l'assemblée en ces termes :

Messieurs,

Je vous demande la permission d'être votre interprète et de porter un toast à

Gambetta. (Oui ! — Oui ! — Bravos.)

Mon... notre cher Gambetta, les fêtes données à l'occasion du concours régional d'Auxerre nous ont permis d'improviser autour de vous une sorte de représentation du département de l'Yonne. Vous retrouvez ici des administrateurs que vous aviez placés à la tête de ce département, des hommes qui ont tenu ferme aux jours du péril et qui n'ont été enlevés à leurs fonctions qu'au moment où a passé sur la France le souffle de l'ordre moral. (Très bien ! — Bravos.)

Vous retrouvez encore ici, autour de vous, tous ceux qui, à divers titres, ont reçu un mandat de leurs concitoyens : des représentants du peuple, — ceux, du moins, que des devoirs impérieux n'ont pas éloignés d'Auxerre ; à côté d'eux, beaucoup de membres du Conseil général et des Conseils d'arrondissement, et les maires et adjoints aujourd'hui révoqués des plus importantes communes du département. Tous se sont trouvés groupés, en quelque sorte en un clin-d'œil. Ils sont venus de tous les points de notre département, ils représentent notre opinion dans toutes ses nuances, de telle manière que vous avez ici une sorte de réduction de l'Yonne républicaine. (Très bien ! — Très bien !)

Puisque j'ai l'honneur de parler en leur nom, ils me permettront de dire que nous sommes tous heureux de vous voir au milieu de nous.....

Une voix. Oui, tous heureux ! (Marques d'assentiment.)

M. LEPÈRE. Ce département de l'Yonne, vous le savez, est un département essentiellement patriotique , où vit le culte de l'honneur national, où l'on garde l'esprit de la Révolution française. (Marques d'adhésion. — Bravos.)

Déjà, hier, par cette foule de visiteurs qui se pressaient autour de vous, vous avez pu apprécier quels étaient l'esprit et les sentiments qui animent nos populations. Vous avez pu voir combien tous nos concitoyens étaient heureux de vous voir et de vous entendre. Ils saluent en vous le grand citoyen qui a sauvé l'honneur national... (Oui ! oui ! — Très bien ! — Applaudissements unanimes.) ... celui qui n'a pas désespéré de la patrie, au milieu des désastres des jours terribles de 1870 et 1871, celui qui ne désespère pas de la République, pas plus qu'aucun de nous n'en désespère, malgré les écœurements de l'heure présente. (Assentiment. — Bravos.)

Tous ici, nous attendons votre parole, et, quand nous l'aurons entendue,

elle s'en ira, reportée par les voix
amies de tous ceux qui vous entourent,
sur tous les points de notre département.

Quant à moi, je n'ai plus qu'un mot à
dire. En portant votre santé, je bois
à la régénération de la France, et,
en même temps, à l'union de toutes
les nuances de ce grand parti républicain pour lequel vous avez tant fait,
et dans l'Assemblée, — vos collègues ici
présents en sont témoins, — et dans le
pays. Messieurs, je bois à Gambetta,
c'est-à-dire : Je bois à la France, à la
République ! (Applaudissements. — Vive
la République !)

M. Gambetta, se levant pour répondre, a
prononcé le discours suivant :

Mes chers concitoyens, mes amis,
mes compagnons,

Ce n'est pas sans une profonde et intime émotion que l'on entend une voix
aussi chère, un cœur aussi généreux,
une intelligence aussi libre et aussi sym-
pathique que celle de notre hôte, expri-
mer, avec la grâce charmante qui fait
passer sur l'exagération même des bon-

nes paroles, les remercîments et les félicitations que j'ai reçus tout à l'heure. S'il y avait, dans la lutte entreprise pour la défense de la démocratie républicaine, aussi bien contre les entreprises violentes de l'étranger que contre les sournoises intrigues de l'intérieur, s'il y avait une récompense à chercher; si l'on ne sentait pas que, quand on s'est dévoué tout entier à ce grand parti du droit et de la vérité, la récompense, le prix de la lutte, c'est la satisfaction intime de la conscience qui reconnaît qu'elle a suivi le droit chemin et qu'à travers toutes les défaillances, sous le coup de toutes les injures et de toutes les diffamations, elle est demeurée impassible, connaissant le devoir et s'efforçant de l'atteindre... (Très bien ! Bravos); si l'on n'avait pas appris, par l'exemple de ses aînés autant que par ses propres réflexions, que le devoir consiste à tâcher de faire le bien pour sa beauté morale (Marques d'adhésion) et qu'il convient de donner sa vie en sacrifice, sans autre espoir que la joie toute pure et toute ravissante qui remplit l'âme quand le devoir est accompli.... (Bravos) il y aurait une récompense plus complète, plus haute, plus noble que ces honneurs, que ces dignités qu'on décerne aux ambitieux d'un jour. Cette récompense, c'est l'estime des siens, c'est leur cordiale sympathie, c'est, permettez-moi de le dire, cette fraternité qui nous associe tous dans un même sentiment et dans une même étreinte de confiance et d'espoir. Non, messieurs, il n'est, pour un homme public, de bien supérieur à celui qui lui est accordé par la confiance et par la gratitude de ses concitoyens. (Très bien ! — Applaudissements.) Je l'ai dit souvent : je n'ai pas encore assez fait pour mériter tous ces témoignages, si doux et si fortifiants. Mais j'en sens tout le prix, et je comprends aussi tout ce qu'ils m'imposent. Messieurs, vous m'avez comblé. Aussi bien, conservant au fond du cœur avec reconnaissance ces paroles trop élogieuses, mais qu'il appartient au temps et au jugement des hommes de confirmer et de ratifier, je vais, comme vous m'y avez convié, — car c'est pour cela que nous sommes réunis, — vous faire part des réflexions que provoque en mon esprit la situation actuelle. Vous parliez, tout à l'heure, des écœurements de l'heure présente. Le mot n'est pas trop violent. On sent, en effet, qu'il y a commé un souffle de dégoût et dé tristesse qui passe sur la France. Hélas! après les deuils, après les chutes les plus profondes de son histoire, était-il donc réservé à cet infortuné pays une amertume plus horrible que toutes les autres, une douleur plus poignante que toutes les douleurs qu'il a subies pendant cette affreuse tragédie de l'empire, terminée par l'invasion et le démembrement? La France devait elle connaître cette suprême et inconsolable douleur de ne pouvoir pas faire l'union de tous ses enfants, pour la reconstitution de la patrie sous le symbole républicain? (Profonde émotion). Oui, messieurs, nous avons connu cette inexprimable tristesse, nous traversons cette épreuve douloureuse : au lendemain de nos défaillances, provoquées et amenées par les corrupteurs et les scélérats qui ont surpris la France et qui l'ont exploitée pendant vingt ans; qui, pendant vingt ans, l'ont abusée pour la conduire, sous le voile trompeur d'une prospérité matérielle dont ils ont joui sans y avoir travaillé, jusqu'au bord de l'abîme où elle a failli disparaître pour jamais, nous en sommes encore à nous demander, nous tous Français, si nous pourrons nous réunir au nom des mêmes besoins d'unité, de concorde, d'apaisement et de sacrifice, pour la reconstitution, pour le relèvement de notre patrie mutilée et gémissante, qui nous crie depuis trois ans : fils imprudents et égarés, dans vos vaines disputes, dans vos querelles misérables, vous dites que vous pensez à moi, que vous voulez me voir renaître et prospérer. Comment ne voyez-vous pas que, pour me refaire, il suffit de reconnaître ma souveraineté ? Ne suis-je pas la mère et la maîtresse de tous les Français ? Ne suis-je pas le seul souverain, le seul roi, et que me veulent tous ces prétendants ? (Bravos prolongés.)

Messieurs, depuis trois ans, dans notre pays, on a pensé à tout, excepté à la France. Vous le disiez avec raison, mon cher Lepère, au milieu de ces populations dont vous caractérisiez à merveille les sentiments, en disant qu'elles sont à la fois patriotes et démocrates (Marques d'assentiment. — Bravo !) , dévouées à la patrie, mais aussi jalouses de défendre le patrimoine de la Révolutions; éprises des idées d'égalité et de justice autant que du principe de la souveraineté nationale. Chers concitoyens, vous êtes tout ensemble patriotes et démocrates. Gardez, ah! gardez ces deux sentiments au fond de votre cœur. Ils vous ont empêchés de défaillir, ils vous ont soutenus dans l'adversité ; leur vertu, croyez-le, n'est pas épuisée. Dégagés de tous les nuages, exempts et purs de toute équivoque, sous leur inspiration, avant peu, ils vous aideront à toucher au but. (Assentiment prolongé.)

Messieurs, c'est dans l'Yonne qu'il est bon, à notre tour, de venir écouter la voix de la France, de juger sur place l'état des esprits, de rechercher les craintes qui les agitent, les espérances qui les animent, d'entendre enfin cette grande voix des populations rurales qui doit être, pour les gouvernements d'une société aussi profondément démocratique que la nôtre, l'avertissement suprême, celui qui doit toujours être recueilli et respecté. C'est dans l'Yonne surtout qu'une enquête semblable est utile à ouvrir, car c'est ici qu'est vraiment le centre de la France, c'est ici le grand passage de notre histoire; toutes les races, depuis le début des conquêtes qui ont formé notre nationalité, se sont succédé ici, et cependant, sous toutes ces alluvions d'hommes et de conquérants, l'esprit du crû, du terroir a survécu; il a percé à travers ces transformations historiques et sociales, il est resté toujours le même : fier, railleur, amoureux de la liberté, amoureux de la patrie. (Oui ! — Très bien ! — Applaudissements prolongés.) Aussi, messieurs, ne s'y trompait-il pas, l'homme fatal et tout-puissant qui, il y a quelque huit ans, — pardonnez-moi ce retour de mémoire, — accourait dans votre pays, au moment où il combinait les derniers calculs de sa politique d'aventures dynastiques. Il ne se trompait pas sur le caractère de vos populations, en 1866, cet énigmatique et ténébreux empereur, ce chimérique chef d'Etat, qui poursuivait à travers l'Europe, à travers le jeu de tous les partis, je ne sais quels arrangements fantastiques de prédominance et de réparation, pour faire diversion à l'esprit public ; qui, se sentant pris, sur ses derrières, par une démocratie réveillée, avisée, ne trouvait d'autre issue pour se débarrasser de ses étreintes, déjà trop gênantes, que de passer la frontière et de se jeter dans les aventures. (Oui ! — C'est cela ! — Très bien !) Il était venu ici, en 1866, quelques semaines avant Sadowa et il disait, dans ce langage, qui était un véritable sophisme perpétuel et comme un rapt fait à la pensée démocratique : Je ne respire à l'aise qu'au milieu de ces populations patriotiques ; ce n'est qu'au milieu d'elles que je retrouve le génie de la France ! — Trompeur exécrable et trois fois maudit ! (Explosion d'applaudissements.) Il exploitait, ce jour-là, le sentiment toujours haletant de la nation d'en finir avec les prétentions des régimes passés ; il savait déjà qu'il était en présence d'une démocratie ordonnée, forte, puissante, calme et sûre dans sa souveraineté. Que voulait-il ? Exploiter son sentiment de fierté nationale, si légitime. (Oui ! oui ! — Bravos répétés.) Et dire

qu'il ne faisait ces choses que poussé par
la peur qu'il avait de l'opinion, de l'opinion qui grondait déjà contre lui dans
les villes, et contre laquelle il croyait,
pauvre égaré, pauvre somnambule,
chercher un refuge dans les campagnes!
Comme si les campagnes avaient un intérêt différent de celui des villes; comme
si les campagnes n'avaient pas été
créées, façonnées, émancipées par la
Révolution française, et comme si,
dans chaque sillon où travaille un paysan,
il n'y avait pas un propriétaire, un
Français qui doit à la fois sa dignité,
son indépendance matérielle et son titre
de citoyen à cette Révolution, qu'on lui
présente injustement comme l'origine de
nos troubles et comme la source de tous
ses maux. (Très bien! très bien!— Triple
salve d'applaudissements.) Cet homme,
messieurs, qui, hélas! a régné sur la
France, poussait à un tel point la ruse
et l'hypocrisie que ce discours d'Auxerre,
qui irrita les rois et leurs ministres, qui
troubla toute l'Europe et nous valut deux
guerres au-dehors, ne fut pas même
prononcé. Ce qui n'empêcha pas que les
gens qui ne l'avaient pas entendu, furent

récompensés pour l'avoir subi. (Hilarité prolongée. — Très bien! très bien!)

Messieurs, si je rappelle ce souvenir, à la fois odieux et cruel,—odieux, parce qu'il ramène au milieu de nous la figure sinistre qui a présidé, dans l'espace de dix-huit ans, à l'égorgement de nos libertés et à la ruine matérielle de la France; cruel, parce que, sous la fatale domination de cet homme, la France a perdu, avec une partie de son territoire, son vieux renom extérieur, les milliards d'épargnes qu'à la sueur de leur front, les travailleurs des villes et des campagnes avaient cachés, au fond de leurs armoires, pour la dot de leurs filles ou l'éducation de leurs enfants. (Très bien! — C'est cela! — Bravos.) Si, dis-je, je rappelle ce souvenir, c'est parce qu'on parle d'une résurrection du parti bonapartiste, c'est parce qu'on en cause, c'est parce que la clientèle de ce régime formée par vingt ans de corruption et de favoritisme, remise de sa peur, comptant sur la générosité native de la France, sur cette promptitude à tout oublier qui la fait à la fois si légère et si charmante, revient rôder autour de la patrie; c'est parce que, profitant de la négligence des uns et de la complicité des autres, on revoit la bande rentrer jusque dans les carrefours de nos villes et donner déjà de la voix. (Vifs applaudissements.)

Il faut couper court, et promptement, à de pareilles audaces et, pour cela, il n'est pas besoin d'autre chose que de dire qui sont ces gens, d'où ils viennent et où ils nous mèneraient.

Qui ils sont? Ils sont la contre-façon, — et c'est par là qu'ils présentent, pour les populations rurales un certain péril, — ils sont la contre-façon de la démocratie. (C'est vrai! — Très bien!) Ils parlent notre langue, ils parodient nos idées; ils défigurent nos principes. Pour une certaine démocratie, qui heureusement ne peut être confondue avec la vraie, avec la grande démocratie, ils sont les premiers des démocrates, (Rires.) prêts à faire table rase de tout ce qui rime à institutions, à parlement, à constitution, à légalité. Ils savent dire à merveille ce qu'il faut au laboureur, a ı petit propriétaire : ils lui donneront l a sécurité, le crédit, la paix, une certaine action, une véritable

influence, disent-ils, dans la commune
et dans le canton. Il n'en est rien, messieurs, et vous le savez bien. Ce ne sont
là que des paroles, parce qu'aussitôt
qu'ils ont quitté ce premier interlocu-
teur, ce travailleur des campagnes, ils
rencontrent l'homme d'église, l'homme
de congrégation Que lui disent-ils?
Qu'ils lui sont tout dévoués, qu'ils
sont prêts à lui tout sacrifier. N'est-
ce pas eux, ajoutent-ils, qui ont fait
l'expédition de Rome, et l'expédition
de Chine, et Mentana? N'est-ce pas eux
qui ont maintenu, pendant vingt ans, le
pouvoir temporel du pape, accumulant
sur la France tous les périls extérieurs,
montant la garde autour du Vatican,
non pas pour la protection du pape,
mais en vertu d'un marché et pour se
faire du prêtre, en France, un instrument
de règne au moyen de la candidature
officielle? (Oui! Oui!—Bravos prolongés.)
Puis, ils poussent plus loin, et ils rencontrent un homme appartenant à une
classe plus élevée, plus cultivée, ayant
déjà le loisir que donne la fortune; ils
sentent, instinctivement, qu'ils sont en
présence d'un adversaire, d'un homme

qui a pour eux plus que de la haine, si c'est possible, c'est-à-dire un insurmontable dégoût. Cela ne fait rien. Avec celui-ci, ils changent de langage. Ils traitent avec lui sur un autre pied ; ils lui offrent leur protection ; ne pouvant le flatter ni le corrompre, ils s'attachent à l'intimider, parce qu'ils excellent à exploiter la peur. (Sensation. — Bravos.) La peur ! voilà leur grand moyen politique ; ils l'engendrent, ils l'inoculent, et, lorsqu'ils ont apeuré une certaine classe de citoyens, ils se présentent pour les sauver, (Bravos prolongés.) ce qui veut dire pour les dépouiller de leurs libertés, de leur dignité civique, de leurs droits publics, et, peu à peu, pour leur arracher aussi ce qui reste au fond de leur caisse, sans parler de la patrie dont ils n'ont nul souci et qu'ils laissent surprendre un beau jour, sans défense et sans protection. (Très bien. — Bravos. — Salve d'applaudissements.) C'est ainsi qu'ils s'en vont, quémandant les suffrages de l'un et de l'autre, changeant de masque, de langage, de discours, suivant les interlocuteurs. Mais enfin, est-ce que ce jeu n'a pas déjà été expérimenté? Est-ce

qu'on n'a pas jugé sur place et à l'essai
ce que valait cette démocratie césa-
rienne, cet ordre obtenu par la force,
cette puissance brutale, cette complicité
cléricale, cette protection, cette faveur,
ce népotisme accordés aux représentants des anciennes familles aristocra-
tiques? Est-ce que tous les hommes,
tous les partis qui ont accordé du crédit
à ce charlatanisme ne se sont pas trouvés, tour à tour, trahis, vexés, déshono-
rés et dupés? Est-ce que le concert de
leurs plaintes n'a pas éclaté sous l'ef-
fondrement même de la patrie, à la lueur
de l'orage amoncelé par cette horde ef-
froyable? Est-ce qu'on n'a pas entendu,
et dans tous les rangs, les cris, les
malédictions, les imprécations, les ana-
thèmes jetés sur cette bande d'a-
venturiers qui ont exploité la France
pendant vingt ans. (Salve d'applaudissements.) Et l'on aurait oublié toutes ces
choses? Ah ! messieurs, il faut se recueil-
lir; il faut chercher les raisons, les causes, les motifs d'une pareille aberration,
si elle est en train de se produire. Ces
causes sont bonnes à étudier pour tout
le monde, et surtout pour le parti répu-

blicain, parce qu'il a toujours besoin d'être mis face à face avec les difficultés, avec les obstacles, avec les idées rivales des siennes ; parce que, plus que jamais, l'étude, l'observation, la vigilance s'imposent à nous, qui voulons obtenir enfin le gouvernement de nous-mêmes. Notre démocratie a beaucoup fait, a beaucoup gagné ; mais, tant qu'elle n'aura pas mis la France à l'abri des surprises de la force ou de la ruse, il n'y aura pas pour la France d'heure propice au travail, à la sécurité qui préparent le relèvement. (Très bien ! très bien ! — Bravos prolongés.)

Notre parti est d'ailleurs fort bien disposé à cette étude ; et il n'en faut pas d'autre preuve que la réunion où nous sommes et qui, comme le disait si cordialement notre hôte et notre ami, est une réduction de la démocratie yconnaise. On y trouve toutes les nuances d'opinions, toutes les variétés de physionomies et de visages ; chacun, dans ce parti de la libre discussion, ayant parfaitement le droit de garder ses préférences et ses théories favorites, mais chacun aussi, devant l'action, dans la conduite, et d'après les sim-

ples et sûres indications de la méthode de
direction, faisant tout céder, et ne connaissant plus qu'un but à atteindre :
rallier le drapeau, sûr qu'il est, par la
constance ou la discipline, de triompher
de toutes les misères, de toutes les petites hostilités personnelles, et que la
grandeur de la cause et la noblesse du
but font passer sur toutes les misérables
difficultés de la vie de chaque jour. (Très
bien ! très bien ! — Bravos !)

Dans quelle situation se trouve donc
aujourd'hui la démocratie républicaine,
depuis le 4 septembre ?— ce 4 septembre
dont il n'est plus même besoin de prendre la défense, car les populations s'en
sont suffisamment chargées. (Oui! oui!)
Messieurs, vous m'avez tous compris :
on nous reproche le 4 septembre. Mais,
en vérité, est-ce bien au pouvoir qui a
capitulé à Sedan, au pouvoir fuyard des
Tuileries, aux fonctionnaires et officieux
en quête de passeports à cette époque,
non pas pour échapper à des me-
naces, mais pour fuir le sentiment
d'opprobre qui les obligeait à se cour-
ber sous le regard méprisant de leurs
concitoyens..... (Sensation. — Bravos

prolongés.) Est-ce bien à ces hommes, à parler de ce 4 Septembre, qui a été la révolution du dégoût public. (Applaudissements prolongés.) Depuis le 4 Septembre, quelles sont les idées dominantes de notre démocratie? En quoi diffère-t-elle de ses aînées? en quoi leur ressemble-t-elle?—glorieuse et traditionnelle ressemblance! — en quoi, enfin, excelle-t-elle dès à présent? Peut-être que, dans cette analyse des éléments, des conditions de cette démocratie, trouverons-nous tous ensemble des motifs de dédaigner, en les surveillant, nos adversaires; et, en même temps, des raisons d'accentuer, de préciser, de coordonner encore mieux, la méthode politique qui nous a si bien réussi jusqu'à ce jour.

Après les désastres essuyés par la France, après ces élections du 8 février 1871, dont je ne veux pas parler (Sensation.), messieurs, on m'a présenté trop souvent comme l'ennemi systématique de l'Assemblée ; je n'ai plus rien à en dire et j'aime beaucoup mieux me taire sur ce sujet, parce que nous avons des choses bien plus importantes à traiter ensemble. (Rires. — Approbation générale.)

Après les désastres militaires, après les élections, je dirai que, dans le pays, on avait envisagé la possibilité de constituer et d'organiser, dès les premiers jours, le gouvernement républicain. Vous savez — et je ne le dis seulement que pour mémoire et très promptement — quelles résistances s'y sont opposées, et avec quel acharnement les divers représentants des prétendants monachiques ont fait obstacle à la légalisation, à l'organisation, à la constitution de ce pouvoir. Les partis, — je ne parle pas de l'Assemblée, — ont épuisé tous les moyens d'action et de réaction contre la République. Eh bien! il est arrivé un phénomène tout à fait nouveau, tout à fait merveilleux dans ce pays : c'est que, contre les actes, les intrigues de ces partis monarchiques, le pays seul, livré à ses propres forces, abandonné à lui-même, s'est trouvé suffisamment préparé pour les mettre à néant. Pour la première fois on a vu tout un grand peuple, sur les points les plus opposés de son territoire, ayant la claire vision de ses intérêts et de sa force, et se chargeant lui-même de refouler ses adversaires.

Des candidats de toutes couleurs et de toutes nuances se sont trouvés opposés les uns aux autres, car dans un pays de suffrage universel tout finit par se résoudre devant l'urne électorale. On a donc arboré des drapeaux électoraux bien divers, des champions aussi différents se sont présentés pour défendre ces drapeaux : les uns ont réclamé le rétablissement, la restauration de la royauté traditionnelle; les autres, de la royauté — comment dirai-je? — (Rires) de la royauté contractuelle. La vraie, la seule question qui les divisait était celle de savoir qui occuperait la place. (Hilarité.) Pendant ce temps-là le pays seul, abandonné à lui-même, dans chaque département, s'est constitué à l'état de démocratie militante, et on a vu, depuis deux ans, dans les pays de l'Ouest et jusqu'en Bretagne, contre le drapeau blanc, les bourgeois, les ouvriers, les paysans, les petits commerçants, les fermiers, se grouper, se réunir, marcher au scrutin en vertu de leur propre initiative, traçant eux-mêmes leur programme d'action, indiquant des noms, les déposant dans l'urne, repoussant la royauté légitime et balayant tout devant eux par 20 et 25,000 voix de majorité. Voilà ce qu'on fait l'Ouest et la Bretagne. (C'est vrai ! — Très bien ! — Bravos prolongés.) Sur d'autres points, dans l'Aude, dans le Gard, la Haute-Garonne, au midi de la France, nous avons été témoins du même ensemble, de la même promptitude dans l'action; nous avons vu les mêmes éléments associer leurs efforts : les petites fortunes, les petits capitaux, les travailleurs, les gens en train de monter, les détenteurs à la fois du travail, de l'intelligence, de l'esprit d'épargne, d'économie, de l'aptitude aux affaires courantes, tous animés du sentiment du devoir, mais aussi éclairés par la connaissance de leurs droits, tout ce petit monde qui est la démocratie, messieurs, qui est le pays, qui est la France, tout cela s'épaule, s'unit et signifie, dans ce Midi, la même volonté qu'avait exprimée la Bretagne : Pas de monarchie, pas d'influence cléricale. (Bravos.) Même spectacle dans les départements de l'Est et dans la Loire ; les mêmes résultats se produisent, la même action se fait sentir, et cela sans bruit; sans colère, avec la fermeté, la décision d'esprit, les libres choix, qui conviennent à une nation qui se sent majeure et qui veut le prouver. (Assentiment général. — Très bien ! très bien ! Cependant, disons-le; il n'y a eu qu'un moment où cette fermeté, ce calme, ce sangfroid ont failli abandonner la France; c'est lorsque, ne tenant aucun compte de ces scrutins, de ces verdicts écrasants des masses électorales, on a pu croire que, passant, tentant de passer par-dessus la volonté nationale à l'aide d'un simple coup de main parlementaire, le roi de l'ancien régime allait être ramené avec tout le passé détesté qu'il représente, et qu'il allait être imposé par la force. Oh! alors il y a eu un moment de colère, d'irritation et de menace, et la France s'est dressée tout entière, debout, devant le spectre de l'ancien régime : aussitôt ce spectre s'est évanoui. (Applaudissements redoublés.) Il a suffi de ce mouvement intime de la France pour faire justice de cette tentative et, depuis lors, cette royauté a disparu, enveloppée dans les plis de son drapeau, parce qu'elle n'a pas cru qu'une transaction honteuse pourrait jamais fonder un pouvoir d'un jour. Elle a cédé la place à une autre tentative qui a duré, il faut bien le dire, un an, juste le temps qu'a vécu l'ordre moral ; les fameux et habiles politiques qui menaient cette opération ont disparu aussi; ils n'ont pas troublé la France qui savait qu'il n'y avait rien à redouter de ce genre d'entreprise, parce qu'elle était mort-née. (Hilarité.—Bravos.)

Nous étions donc dans cette situation : la monarchie traditionelle évanouie; la monarchie... l'autre, (Rires) dupée, déçue, conspuée; il ne restait que la République, c'était trop ; elle était trop forte: on sentait qu'elle était trop en possession de l'adhésion française ; on apercevait déjà ses réformes, ses actes de réparation, le triomphe qui allait l'accueillir par la reprise des affaires, l'apaisement des esprits, le retour de la paix sociale et politique. Oh! non, nous ne laisserons pas accomplir ces merveilles, s'est-on dit; comment! laisser la République profiter d'une pareille pacification ? C'est alors qu'on a crié de plus en plus fort au péril social, à l'avénement du

radicalisme légal, qui est, à ce qu'il paraît
l'abomination de la désolation. (Rires.)
Et alors on a tout inventé pour faire
obstacle à ce radicalisme épouvantable.
Je ne raconterai pas ce qu'on a inventé,
de plus subtils que moi y perdraient leur
latin, et puis cela ne vous intéresserait que
fort médiocrement. (Nouveaux rires.)
Toujours est-il que la République existe,
ayant pour elle cette force croissante qui
résulte de l'échec et de l'avortement écla-
tant et irrémédiable des entreprises dynastiques qui avaient l'intention de la
renverser pour se substituer à elle. Et
tout cela, de quoi était-ce le prix? De la
conduite du parti républicain, de la formation, dans le pays, d'une grande et
large démocratie capable de se gouver-
ner elle-même et démontrant par là, au
reste du monde, son aptitude à gouver-
ner les autres. (Bravo! bravo! — Salve
d'applaudissements.)

Cette démocratie savait depuis longtemps, au moins par l'observation de
quelques-uns de ses enfants, combien la
France attendait instinctivement, inté-
rieurement, son avénement, sans se l'a-
vouer très clairement à elle-même; mais

on avait pu, même sous l'empire, aper-
cevoir la naissance, la formation, la
construction de ce monde démocratique
français, et c'est ici, si vous le voulez,
que nous allons trouver ensemble les
raisons qui font que nous sommes aujourd'hui face à face avec l'empire, qu'il
ne reste plus que l'empire dans ce duel
suprême contre la République, les motifs pour lesquels nous devons le vaincre
et pour lesquels aussi il a pu, il peut encore, dans certains esprits, jeter l'équivoque et l'ambiguïté. (Marques d'assentiment.) Examinons la situation.

Vous savez que l'attentat, que le cri-
me du 2 Décembre eut la prétention
d'être couvert, justifié par la restitution,
au peuple français, du droit de suffrage
universel. C'est là le commencement de
l'équivoque ; c'est de cette proclamation
criminelle et de cette déclaration men-
songère du 2 Décembre que date cette
politique — poursuivie avec plus de pa-
tience qu'on n'est habitué à en rencontrer
dans les pratiques ordinaires du césarisme, — et qui consiste à corrompre la
démocratie, à l'avilir et à la dégrader
en une démagogie basse et d'autant plus

redoutable que, s'abandonnant aux mains d'un maître, elle croit y trouver la prospérité et la paix, tandis qu'il n'y a que la honte et les catastrophes. (C'est cela. — Très bien ! Très bien !)

Le 2 décembre 1851, on eut l'idée de faire un coup de force contre les libéraux, contre la bourgeoisie française, contre les parlementaires, contre les discuteurs, contre ces gens de pensée et de réflexion, soucieux de la liberté et de l'honneur du pays, que Napoléon Ier appelait des idéologues et que Napoléon III appelait les anciens partis. (Rires.) Et alors, se présentant au peuple comme un protecteur contre cette classe bourgeoise, on lui promit le bien-être matériel, une participation constante dans les affaires de l'Etat par le suffrage universel, une grande gloire au-dehors par la constitution d'un pouvoir militaire incontesté, et qui, par sa vigilance, saurait se placer au-dessus de toute espèce de surprise, et enfin une certaine indépendance dans le domaine des idées, à l'égard de ce qu'on peut appeler l'oppression de la théocratie. On se piqua même de socialisme. On pensa, en enrégimentant les

ouvriers, en les casernant, en leur dis-
tribuant des portions congrues, admi-
nistrativement, par escouades, qu'on
pourrait arriver à résoudre le problème
de l'extinction du paupérisme. (Rires. —
Marques unanimes d'approbation.) C'est
qu'au fond l'on avait une secrète pensée : on prétendait se servir du paupérisme et du socialisme pour effrayer le
bourgeois, pour lui causer des nuits
d'insomnie ; pour museler cette bête
fauve du prolétariat, on songeait à
l'embrigader. Aujourd'hui l'on dit encore : Gare aux masses ouvrières ! Gare
à Belleville, gare aux barbares ! Gare à
ceci ! Gare à cela ! La peur, toujours la
peur ! Voilà de quoi se nourrit la littéra-
ture officielle impériale depuis vingt ans.
(Hilarité. — Bravos.)

Messieurs, on n'agite pas des mots,
longtemps et impunément, devant un
peuple intelligent comme le nôtre ; lorsqu'on prononce, devant une grande nation, les mots de liberté, de démocratie,
de suffrage universel, de contrôle et d'é-
mancipation, pour la tromper, la sédui-
re et l'enchaîner, les sophistes, les éga-
reurs de foules qui tiennent ce langage

ne le font pas impunément, je le répète.
En effet, après avoir entendu le mot, on
réclame la chose; ceux qui ont fait des
promesses résistent, mais le jour vient
où ils sont à bout de raisons : on insiste,
ils résistent de nouveau, puis l'impos-
teur est dévoilé en se prenant à son propre piége. Alors on devient la risée du
monde; mais, malheureusement, on
cause en même temps la honte et la
ruine du pays qui a eu le malheur d'é-
couter ces mensonges et de s'y laisser
prendre. (Applaudissements unanimes
prolongés. — Interruption.)

C'est là, messieurs, ce qui est arrivé.
Grâce à ce suffrage universel dont on se
faisait un frein, une menace contre les
classes dites parlementaires ou dirigean-
tes, comme vous voudrez, — dont on se
faisait un appeal, et comme une sorte
de pourboire qu'on donne à une nation
réduite en domesticité, il est arrivé que,
peu à peu, la démocratie des villes, comme celle des campagnes, a pratiqué ce
droit, et, à force de s'en servir, la
matérialité de l'exercice du droit de
suffrage a fait impression sur les têtes
les plus dures et les plus indifférentes. On

s'est attaché à ce droit de suffrage qu'on avait pris, au début, pour une sorte de besogne et de peine ; mais l'électeur des campagnes a vu, précisément parce que les agents du pouvoir venaient flatter le paysan, solliciter son vote, égarer sa conscience, l'électeur a vu qu'il y avait là, pour lui, une force, une grande force. Alors, il s'est pris à réfléchir, il s'est redressé, il a compris l'importance de ce carré de papier, et tout un monde d'idées nouvelles s'est éveillé dans sa cervelle. Il a reconnu qu'avec son bulletin de vote il pouvait peser sur le préfet, sur le maire, sur le juge, sur l'impôt. Il a eu, dès ce moment, la conception de l'Etat ; il a compris la nation et il a vu, dans ce petit papier, comme la déclaration, comme le signe même de sa souveraineté. On avait voulu le tromper : on était arrivé à l'émanciper, la démocratie était née du même coup. (Salve d'applaudissements. — Sensation profonde.)

Voilà ce que le maintien du suffrage universel a engendré ; voilà ce qu'il a suscité de pensées, créé d'individualités politiques. Et alors, de proche en proche, dans la commune d'abord, cette famille agrandie où le paysan tient à tout, où son bois, le bois de la commune, la fontaine de la commune, l'église, l'école de la commune, sont sa chose, son patrimoine indiscusté, authentique, dont il veut à la fois la surveillance et la gestion, — dans les affaires de cette commune, il a senti le prix de son intervention et de son vote. L'empire pouvait bien lui accorder le vote, mais ce n'était que l'apparence. Au fond, la volonté de l'électeur demeurait sans action, sans efficacité. L'exécution de ses volontés restait subordonnée au bon plaisir de l'administration et de son agent, le maire, que l'électeur des campagnes n'était pas admis à nommer, quoiqu'il se sentît parfaitement capable de le choisir. Pendant vingt ans d'empire le paysan a vu persécuter son indépendance par l'administration, quand il trouvait le moment d'être indépendant. Et l'on blâme beaucoup chez le paysan une certaine défiance invincible ! Cette défiance toute naturelle s'appelle prudence et circonspection. En effet, depuis tantôt cinq siècles, depuis qu'on a des données claires sur la situation du paysan, que voit-on ? On le voit toujours foulé, vexé, contrit, tourmenté, exploité par les agents de l'antorité, et alors on comprend que Jacques Bonhomme soit devenu réservé et prudent. (Rires et applaudissements prolongés.)

Notre électeur des campagnes est donc prudent ; mais il est avisé aussi, et il a parfaitement compris, au temps de cette émancipation presque servile de l'empire, qu'on lui reconnaissait une souveraineté dans la commune. Mais il s'apercevait également qu'on lui confisquait cette souveraineté aussitôt après l'avoir proclamée. Il en a été profondément blessé. Aussi, avec quelle joie s'est-il remis, après le 4 Septembre, en possession de son droit communal; comme il s'est rondement installé dans l'exercice de ce droit! Il l'a fait comme quelqu'un qui rentre chez lui et qui a conscience de sa propriété. (Bravo ! — Très bien ! très-bien !)

Et c'est, messieurs, une fois qu'il a été installé dans la libre et pleine possession de son droit, c'est alors que les pires des dupes, que ceux qui se croient des politiques et qui ne sont que des

simples, mais des simples qui parlent
grec au lieu de parler français, des simples d'Académie... c'est alors que ceux-
là, ces malins, ces habiles de la politique sont venus dépouiller l'électeur des
campagnes de son droit de vote communal, et au bénéfice de qui? Au bénéfice
de la clientèle bonapartiste. Je vous di-
sais bien qu'ils étaient des simples. (Hilarité. — Approbation générale.) Et c'est
bien comme cela que vous les avez ju-
gés! (Oui! oui! — Hilarité nouvelle.)

Mais, que l'on ne s'y trompe pas, le peuple a pu comprendre et juger une fois
de plus, en conscience, quelle était la va-
leur des déclarations d'amour des bona-
partistes pour le suffrage universel et
l'indépendance de la commune! Voilà
ce qu'on a fait pour le vote communal.
Que fera-t-on pour le Conseil d'arrondissement, pour le Conseil général? Quant
à la Chambre des députés, n'en parlons
pas : on sait assez que messieurs les bo-
napartistes ont horreur des parlementaires et que leur premier soin est
de démolir la tribune, qui les gêne.
Sous l'empire, il s'était formé partout
une opposition contre l'abus des mots

et des formules employés par ce gouvernement corrupteur. Les uns, comme libéraux, et ce n'étaient pas ceux qui criaient le moins haut ni le moins fort, expliquaient, avec une très grande clarté, que ce n'était pas là de la démocratie, mais du césarisme. A entendre parler ces adversaires déclarés du despotisme impérial, on se plaisait à croire qu'aussitôt que nous serions débarrassés de l'empire, ces orateurs, ces publicistes éminents deviendraient des démocrates libéraux. Vous savez comment nous avons été déçus; mais, faut-il le dire? l'espérance m'est restée, et je crois que beaucoup de mes concitoyens la partagent. Rien n'est jamais perdu avec la bourgeoisie française. Il est d'ailleurs impossible de dire où commence et où finit cette bourgeoisie, à qui la nation doit tant. Après toutes ses fautes, toutes ses erreurs, en dépit de ses duretés et de son égoïsme, il est impossible de dénier ses services inscrits dans notre histoire, de contester ses qualités, dont elle pourrait faire un si noble emploi, pour le plus grand bien du pays. Je sais bien qu'il y a des gens qui

se disent bourgeois et auxquels on pourrait adresser ces paroles : « Retournez-
vous, de grâce, et l'on vous répondra. »
Mais il y a des conversions que l'on doit
tenir pour sincères. Ceux qui se conver-
tissent y ont tant d'intérêt et peuvent y
trouver tant de profit et tant d'honneur !
Il y a tout un parti qu'on appelle le Centre gauche et qui, à l'heure qu'il est, est
presque tête de colonne, presque une
avant-garde, tant il est net, précis, ré-
solu et décidé. La France, ni le parti républicain, ni les populations, ne
peuvent avoir oublié la conduite dé-
cisive, énergique, patriotique que ce
parti a tenue lorsque l'on conspirait pour
le rétablissement de la légitimité. Cette
conduite, il la tiendra encore devant le
bonapartisme, si jamais il nous menace
sérieusement ; car aujourd'hui il ne fait
guère que nous impatienter et nous
détourner de notre droit chemin. (Marques d'adhésion. — Bravos.)
Je vous montrais tout à l'heure la
démocratie nouvelle dans la commune :
je pourrais vous la montrer dans le
monde social, le monde de l'industrie, du
commerce, de la science et de l'art ; je

pourrais vous faire voir, si vous ne le sa-
viez pas aussi bien que moi, si vous aviez
d'autre peine que d'évoquer les souvenirs
qui vous sont les plus familiers, — que
c'est pendant les vingt ans de ce régime
détesté et corrupteur, grâce aux déve-
loppements des moyens de transport, à
la liberté des échanges, à la facilité, à
la fréquence des relations ; grâce aux
progrès malheureusement trop lents
encore de l'instruction publique, à la dif-
fusion des lumières, grâce enfin au temps
qui est la puissance maîtresse en histoire, que s'est formée, en quelque sorte,
une nouvelle France. Il n'est pas dou-
teux que le besoin politique qu'avait
l'empire d'éblouir, de créer du travail
pour les masses ouvrières, au prix
de prodigalités sans nombre et de
ruines dont nous voyons aujourd'hui
les conséquences, a créé en même
temps de nouveaux travailleurs. Ce gouvernement, voulant donner une satisfaction apparente à ce qu'on appelle la démocratie, voulant lui faire des conces-
sions au point de vue des ouvriers des
villes et des campagnes, a été engagé,
lancé dans un système économique qui,

au point de vue de la construction des canaux, des chemins de fer, des travaux d'utilité publique, a donné une certaine impulsion, un certain mouvement à l'esprit d'entreprise qui existe dans toute démocratie, qui en est l'âme et le nerf, et qui fait la force des grands peuples libres.

Et alors nous avons vu un certain nombre de personnes s'élever par le travail; nous avons vu se former des associations et la propriété circuler assez rapidement, puis le nombre des cotes personnelles s'augmenter, et augmenter dans une proportion considérable, qui étonne les amateurs de statistique. Or, à chaque cote personnelle nouvelle, à chaque propriété qui se crée, c'est un citoyen qui se forme ; car la propriété, dont on nous présente comme les ennemis, sans jamais justifier en quoi que ce soit cette calomnie, la propriété est, à nos yeux, le signe supérieur et préparateur de l'émancipation morale et matérielle de l'individu. Ce n'est pas de la propriété que nous sommes les ennemis, à coup sûr, mais plutôt de sa raréfaction qui diminue heureusement de jour en

jour, la propriété passant à des mains nouvelles. Ce que nous demandons, ce qui
se fait, ce qui est une loi sociale de démocratie, c'est que la propriété se divise,
c'est qu'elle aille à celui qui l'exploite et
qui la féconde de tous ses efforts pour
lui faire produire chaque jour davan-
tage, à son avantage personnel, mais
aussi au plus grand avantage social.
(Salve d'applaudissements. — Très bien !
Très bien !)

Ce monde de petits propriétaires, de
petits industriels, de petits boutiquiers a
été suscité par le mouvement économique que je viens d'indiquer ; car il ne
faut pas oublier que le régime impérial
a hérité ou plutôt a confisqué cette ac-
cumulation de forces, a bénéficié de ce
réservoir d'éléments, de ces ressources
morales et matérielles que rassemble le
cours normal des événements. Tous ces
éléments sont entrés successivement en
œuvre, et c'est ainsi que se sont créées,
formées ces nouvelles couches sociales
dont j'ai salué un jour l'avénement. Messieurs, j'ai dit les nouvelles couches, non
pas les classes : c'est un mauvais mot
que je n'emploie jamais. Oui, une

nouvelle couche sociale s'est formée. On
la trouve partout; elle se manifeste à
tous les regards clairvoyants ; elle se
rencontre dans tous les milieux, à tous
les étages de la société. C'est elle qui, en
arrivant à la fortune, à la notoriété, à
la capacité, à la compétence, augmente
la richesse, les ressources, l'intelligence
et le nerf de la patrie. Ce sont ces
couches nouvelles qui forment la démocratie ; elles ont le droit de se
choisir, de se donner le meilleur gouvernement, c'est-à-dire la forme de
gouvernement la mieux appropriée
à leur nature, à leurs tendances et à
leurs intérêts. Dans la démocratie, c'est-
à-dire dans un état politique où le travail doit tout dominer, — car dans les
temps modernes le travail est le grand
agent de richesse, de paix et de bonheur,
— dans un état social où le plus grand
nombre des travailleurs est déjà propriétaire; où, sur dix millions d'électeurs,
huit millions sont astreints au paiement
des cotes foncières, il était sûr que, dès
que ces hommes seraient investis du
droit de se donner un gouvernement, ils
choisiraient la République, parce que

démocratie et République sont associées comme la cause et l'effet. (Très bien ! bravo ! bravo ! — Applaudissements prolongés).

Cette démocratie étant constituée et fonctionnant dans le pays avait besoin de passer par l'épreuve des affaires ; elle s'est donnée à elle-même cette éducation et, grâce à la permanence du droit de suffrage et d'élection, elle a pu peupler ses Conseils municipaux, cantonaux et généraux, l'Assemblée nationale elle-même, — malgré les résistances, les entraves, les coalitions de tous les préjugés, — de gens sortis de ses rangs, dévoués à ses intérêts, défenseurs de ses tendances et de ses aspirations, c'est-à-dire que, non contente d'avoir adopté en théorie la forme de son gouvernement, elle a commencé de créer le personnel chargé de pratiquer ce gouvernement pour le plus grand bien de tous. C'est là, messieurs, une démocratie parfaitement majeure, en possession de deux forces : l'idée et le procédé. Et alors, tout naturellement, cette démocratie est devenue raisonnable, pacifique, observatrice de la loi ; elle

a résisté à toutes les provocations, elle
a refusé de descendre dans la rue, elle a
subi la légalité la plus rigoureuse et la
plus arbitraire; elle s'est dérobée devant tous les actes qui n'avaient d'autre
but que de l'exciter à rompre avec la
légalité pour aboutir au désordre; elle a
évité ainsi de donner cet éternel pré-
texte de rétablir l'ordre et la paix, pré-
texte qui coûte si cher aux sociétés
travailleuses du monde moderne, qui
coûte si cher surtout à notre parti, toujours généreux et héroïque, dans les
rangs duquel, de tout temps, on a
compté des hommes qui, ne marchan-
dant ni leur liberté ni leur vie, s'imagi-
nent trop souvent que, grâce à ce sacrifice, ils amèneront la solution des pro-
blèmes difficiles qui agitent et passion-
nent nos populations ouvrières. (Approbation et sensation prolongée.) Cette démocratie ainsi outillée, ainsi armée, a
eu le plus grand de tous les courages,
elle a fait une gageure avec elle-même;
elle s'est dit : Partout, sur tous les
points, d'un bout à l'autre de la patrie,
régneront le même esprit, la même direction, la même confiance, le même res-

pect de la loi ; elle s'est dit : nous ne
voulons rien tenir que de la libre con-
quête des esprits, que des progrès de la
raison publique, et nous comptons, pour
confondre nos adversaires, pour les ré-
duire à l'impuissance, sur deux choses :
la souveraineté de la nation et la prati-
que de la loi. (Très bien ! — Applaudissements.) Et alors il est arrivé que
cette méthode d'action, appliquée sans
jactance, sans forfanterie, mais sui-
vie sans faiblesse, a gagné le cœur
des populations, intimidé nos adversaires, déjoué leurs plus criminelles
combinaisons, et que la France entière,
que le monde qui nous écoute, nous
surveille et nous juge, et de l'opinion
duquel nous ne pouvons nous passer ;
il est arrivé que la France, que le
monde ont dit : Mais cette démocratie,
qu'on nous représente sans cesse comme
animée de passions subversives, comme
ingouvernable , comme grosse inces-
samment d'anarchie et de guerre civile.
est, au contraire, la garantie de la paix ;
elle conserve l'ordre parmi les citoyens, elle déjoue toutes les provocations, elle donne la preuve qu'elle est

la véritable protectrice de la stabilité et de la sécurité de la nation, car elle est impassible devant toutes les excitations et, malgré toutes les entraves, elle n'en continue pas moins son travail de pacification, elle ne se dévoue pas moins à payer l'impôt, à produire, à économiser ; elle avait demandé à faire les plus grands sacrifices et on ne les a pas acceptés ; en effet, dès les premiers jours, elle s'était offerte à donner son or et ses enfants pourvu que, dans la répartition des charges, on fît régner l'égalité et la justice distributive. (Salve d'applaudissements.) Voilà la passion qui anime cette noble démocratie et si, aujourd'hui, elle est si désireuse de voir fonder ce gouvernement républicain, ce n'est pas par une mesquine satisfaction de parti, ce n'est pas pour se donner raison devant ses contemporains: c'est parce qu'elle a la conviction qu'en dehors de ce gouvernement, épuisés par un énervement progressif, tombant dans la dégénérescence, nous roulerions, de chute en chute, jusque sous la main de quelque abominable aventurier, en attendant que le barbare fasse de nous sa proie. (Sensation.) Si la démocratie française demande la République, c'est pour relever la France, c'est pour refaire la patrie, c'est pour la remettre à sa place et à son rang dans le monde. Le gouvernement républicain, le gouvernement du pays par le pays, le gouvernement de nous-mêmes par nous-mêmes, c'est là le mot des démocraties qui veulent vivre et progresser. (Très bien ! — Très bien ! — Applaudissements prolongés.)

Ce n'est pas une République de parti que demande, que veut notre démocratie républicaine, ce n'est pas une République fermée, exclusive ; c'est une Réblique nationale, c'est la République de tous, c'est la République de dix millions d'électeurs, sans en excepter un seul, dont l'ensemble représente la souveraineté nationale, et dont la présence sur les listes électorales est incompatible avec toutes les prétentions dynastiques ou princières. (C'est cela ! — Oui ! — Très bien ! — Applaudissements.)

Eh bien, ces idées, cette opinion sont ancrées dans le cœur des populations, et ce ne sont pas quelques surprises de scrutin qui peuvent ébranler notre foi dans l'avenir de la patrie ! (Non ! non ! — Bravos.)

Non ! ce duel entre l'empire et la République était attendu, prévu ; il était certain qu'un jour la démocratie déloyale, la pseudo-démocratie qui s'appelle et qui se vante d'être la démocratie couronnée, se rencontrerait avec la démocratie républicaine, avec la démocratie française. C'est pourquoi ce duel était inévitable. (Sensation profonde.)

Il est impossible, en effet, que ce pays qu'on a tant trompé, que ce pays qui a supporté les Bonapartes, en les croyant par deux fois les héritiers et les continuateurs de la Révolution française ; il est impossible que ce pays soit complétement guéri et complétement éclairé. Et pourquoi, messieurs, en est-il ainsi ? N'aurions-nous donc pas subi assez de désastres, assez d'humiliations et de hontes ? Non, messieurs, la raison n'est pas là. Ce pays est encore trop faible, trop peu éclairé ; on lui a trop marchandé, on lui a mesuré d'une main trop avare l'éducation et la lumière.

Vous souvenez-vous du premier cri

que poussa la France républicaine, quand elle se vit au fond de l'abîme où l'avaient plongée Bonaparte et ses amis? Des écoles, des écoles! c'était le cri célèbre ; de la lumière ! de la lumière ! Qu'a-t-on fait pour éclairer la France? On voudrait, hélas ! qu'elle n'apprît rien. Un peuple ignorant est un peuple docile ; mais il y a, pour déjouer ces plans néfastes, mieux qu'un système complet d'instruction publique, que cette éducation qu'on reçoit sur les bancs de l'école : c'est l'éducation que nos mobiles et nos mobilisés ont reçue dans les rangs de l'armée, c'est l'éducation devant le canon prussien ou la lance du uhlan, alors que notre armée combattait pour la défense de la patrie envahie !... (Sensation. — Salve d'applaudissements.) Il suffit de ramener le souvenir de la France à ce passé horrible, il suffit de montrer cette portion mutilée et saignante de la France, en disant : C'est là qu'est la trace de l'envahisseur. Il nous a quittés, mais il nous surveille. Il médite de revenir pour nous arracher quelque autre province. Qui donc l'amène infailliblement? N'est-ce

pas l'empire ? Est-il jamais entré victo-
rieux dans ce pays autrement qu'à la
suite des Bonapartes? (Sensation prolongée).

Je ne veux pas vous quitter sur ces
paroles. Ce qu'il faut emporter de cette
réunion, ce n'est pas seulement la foi dans
le triomphe de nos idées par la conduite
méthodique, sage et raisonnée du parti
républicain : c'est aussi cette conviction
générale et certaine qui doit s'emparer
de tous les esprits, que, lorsque la
France entière a appris, depuis quelques
jours, qu'on voulait s'armer, se faire un
moyen de parvenir de quelque misérable
résultat électoral, elle s'est levée avec
ensemble pour manifester d'abord son
horreur et son dégoût et déclarer ensuite
qu'elle passerait à l'action, si l'on persis-
tait à la menacer plus longtemps. (Oui ! oui !
—Très bien !—Applaudissements répétés.)
Non, cela n'est pas à craindre, parce que
je dis que, contre un pareil régime, on
devra réunir toutes les forces vives, libres et intelligentes de la nation,
sans aucune exception, de quelque côté
qu'on soit : quand il s'agit de la France,
il appartient à chacun de ses enfants de

la chérir comme une mère, et il est de
leur devoir de sauver ce qui reste de sa
fortune et de son patrimoine. Aussi,
messieurs, suis-je convaincu qu'en un
jour de danger, si le hideux césarisme pouvait nous menacer, les hommes de cœur
se rassembleraient pour défendre la patrie contre la ruine et la honte. Non,
messieurs, pour le vieux renom de l'honneur français, je ne crois pas, je ne veux
pas croire qu'il y ait des Français, di-
gnes de ce nom, capables de préférer le
régime abhorré d'un Bonaparte, les tra-
ditions de ce bandit couronné, à la libre
consolidation de la France choisissant
ses mandataires chargés d'organiser un
gouvernement définitif. (Très bien ! très
bien ! — Bravos.)

En ce moment, on parle beaucoup
d'appel au peuple. C'est encore là un sophisme, un abus de langage ; c'est encore une tromperie, un mensonge. On
ne rencontre d'ailleurs que de pareilles
duperies sur de semblables lèvres.

L'appel au peuple, quel est-il pour ces
gens-là ? Ces défenseurs de la souveraineté du peuple, ce sont ceux qui se sont
installés au pouvoir sur les cadavres de

40,000 Français égorgés dans nos rues ou qu'on envoyait mourir sous le soleil implacable de nos colonies! Ils parlent de l'appel au peuple, ceux qui n'ont pu régner que par le silence et par la compression des intelligences honnêtes et libres! L'appel au peuple! mais je parle dans un département qui l'a vu de près, dans un département qui a été, quatre ans après le discours d'Auxerre, envahi et occupé militairement par l'Allemand. Tout cela était sorti de l'appel au peuple, tel que le pratiquait l'empire, et je m'étonne qu'on puisse supporter aujourd'hui un pareil mot. En 1870 aussi, il y eut un appel au peuple; aujourd'hui on ne prononce plus le mot plébiscite; on cache ce mot, on le voile, on le déguise sous le nom d'appel au peuple (Très bien! très bien!), mais l'appel au peuple n'est pas autre chose que le plébiscite, et de ce plébiscite de 1870 vous avez gardé le souvenir! Un trop grand nombre, parmi vous, malheureusement, comme dans toute la France, ont cru loyalement que cet appel au peuple, que ce plébiscite de 1870 pouvait être le point de départ

d'une transformation libérale, la garantie de la paix et d'une politique vérita-
blement progressive, et, dans cette confiance, ils ont jeté dans l'urne leurs bul-
letins d'assentiment, leur *oui* fatal. Aussi est-ce à ceux qui ont été trompés, égarés et victimes qu'il faut demander ce
qu'ils pensent de l'appel au peuple par
le plébiscite. (C'est cela ! Très-bien ! —
Applaudissements.)

L'appel au peuple véritable, c'est nous
qui le voulons et qui le représentons,
mais l'appel au peuple comme il convient qu'il soit pratiqué par des hommes
éclairés et libres, par des concitoyens
s'assemblant, s'interrogeant, discutant,
posant des questions, définissant le mandat qu'ils veulent donner, et s'en rap-
portant à l'honneur du mandataire qui
accepte à la face de ses compatriotes,
sous la responsabilité de sanctions
ultérieures ; les uns et les autres, le
mandant et les mandataires, contrac-
tant dans la plénitude non - seulement de leur conscience, mais de
leur intelligence, concluent un véritable pacte politique. Voilà l'appel au
peuple vrai : le mandant reste le sou-

verain et le mandataire est le fidèle exé-
cuteur des volontés collectives de la nation souveraine. (Applaudissements.)

En dehors de ces conditions, l'appel
au peuple n'est que mensonge ; c'est le
plébiscite dans lequel on dit *oui* ou *non*.
Et vous vous rappelez quelles injures
abominables ont été déversées en 1870,
au moment du fatal plébiscite qui nous
a amené l'étranger, sur ceux qui votè-
rent *non* ! Quelles inventions ne répan-
dit-on pas? Les opposants étaient des
bandits, des assassins ; on inventait des
complots ; on répandait la peur par tous
les moyens. Et l'empire, exploitant une
fois de plus par ces ignobles procédés la
terreur des électeurs, leur extorquait 6
millions de signatures. On a donné un
blanc-seing à l'empire, et il a précipité la
France aux pieds de l'Allemand. (Sensation.)

Voilà les résultats du plébiscite, de
l'appel au peuple comme l'entendait
l'empire. Et nous, nous disons solennel-
lement devant la France qu'il n'y a qu'un
moyen de respecter la souveraineté nationale : c'est de faire que cette souveraineté soit toujours présente, toujours

permanente et dominante; c'est de tracer
la ligne du mandat, c'est de le définir
et de le confier à des hommes d'honneur. De la collection de ces mandats,
ressortira la volonté de la majorité des
Français. (Très bien ! — Bravos prolongés.)

Et alors, quiconque ne s'inclinerait
pas devant une manifestation semblable
de la volonté de la France serait un fac-
tieux. Mais les sycophantes qui vous parlent de l'appel au peuple n'ont qu'un but:
vous demander vos pouvoirs, s'en emparer pour les remettre à un maître ; l'appel au peuple, pour eux, consiste à ra-
baisser la majesté nationale, à la confis-
quer; l'appel au peuple , c'est l'acte
d'abdication du peuple, Messieurs, je le
dis bien haut, devant l'Europe qui nous
écoute : la conscience française proteste
contre cette fraude immonde du plébiscite qu'on cache aujourd'hui sous le nom
d'appel au peuple. (Oui! oui! c'est cela !
— Applaudissements.)

Quant à vous, républicains de l'Yonne,
vous avez subi trop d'épreuves dans ce
département, vous êtes trop bien éclairés par l'horrible catastrophe que l'ap-

pel au peuple a déchaînée sur vous, pour que votre conviction ne soit pas faite.

Aussi, avant de vous quitter, j'éprouve le besoin de porter un toast à la République française, à son avenir, à ses destinées paisibles, fécondes et glorieuses. C'est, Messieurs, la seule réponse qu'il convient de faire à l'empire et à la monarchie quelle qu'elle soit; c'est, en même temps, répondre à l'attente de l'Europe qui sent bien que, tant que la France ne se sera pas donné ce gouvernement républicain qu'elle réclame, il n'y aura pas de sécurité internationale. Oui, messieurs, quand la France est absente, tout est dans le trouble, tout est dans le désordre, tout est dans l'inquiétude. Oh! ce n'est point par vanité nationale qu'il faut parler ainsi, — nous avons été trop cruellement châtiés, — c'est par sentiment de la solidarité qui relie les peuples les uns aux autres, et qui fait que je ne pense pas que personne, dans le monde, puisse s'applaudir du malheur et du désespoir de la France. (Très bien! — Vive émotion. — Double salve d'applaudissements. — Cris répétés : Vive la République! Vive Gambetta!)

LA RÉPUBLIQUE FRANÇAISE

Journal Quotidien, Politique et Littéraire

16, Rue du Croissant

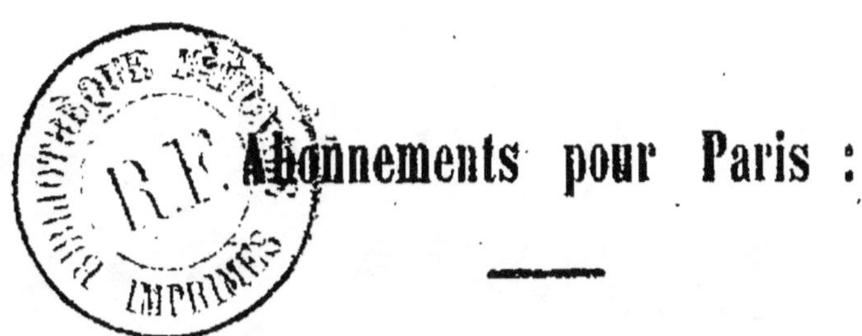

Abonnements pour Paris :

TROIS MOIS...............	13	FR.
SIX MOIS...............	26	»
UN AN...............	52	»

Abonnements pour les Départements :

TROIS MOIS...............	16	FR.
SIX MOIS...............	32	»
UN AN...............	64	»

Paris.— Imp. F. DEBONS et Cie, 16, rue du Croissant.

www.ingramcontent.com/pod-product-compliance
Lightning Source LLC
Chambersburg PA
CBHW051554070726
47594CB00017B/1343